AF325117

# DISCOURS

## PRONONCÉS

### ET

## HYMNES CHANTÉS

à la Célébration de la Fête de la RAISON,

*Le 10 Frimaire, 2.<sup>me</sup> année de la République,*
*Une et Indivisible.*

## A CHAUMONT,

Chez BOUCHARD, Imprim.<sup>r</sup> du Dép.<sup>t</sup> de la h.<sup>te</sup>-Marne,
et du District de Bourbonne.

AN II.<sup>me</sup> DE LA RÉPUBLIQUE.

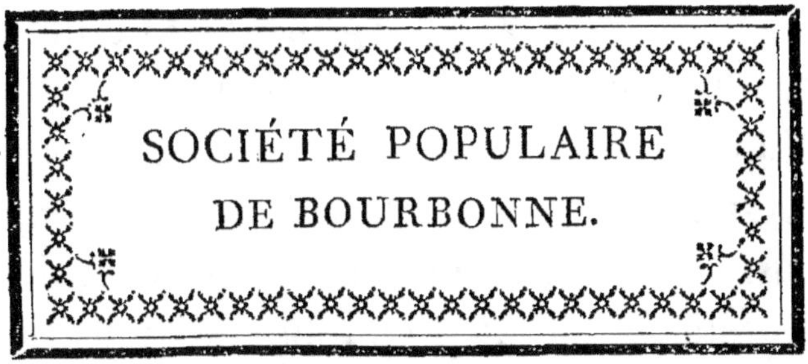




# DISCOURS PRONONCÉS

## ET

## HYMNES CHANTÉS

A LA CÉLÉBRATION DE LA FÊTE DE LA RAISON,

Le 10 Frimaire, 2.<sup>me</sup> année de la République,
Une et Indivisible.

### *DISCOURS DU PRÉSIDENT.*

L'OBJET de notre réunion, FRÈRES ET AMIS, est la célébration de la Fête de la Raison. Après un long exil, elle reparoît enfin sur la terre, et vient, pour le bonheur et la gloire de l'homme, contracter une sainte alliance avec la Liberté. Nous sommes assemblés ici pour resserrer ces nœuds sacrés, pour rendre un hommage solemnel aux deux Divinités tutélaires de la République française : élevons-nous, FRÈRES ET AMIS, à la hauteur de cette sublime et majestueuse cérémonie ; pénétrons-nous de cette vérité importante : *la Raison ne peut être souillée par les ombres impures du Fanatisme et de la Superstition.*

Déjà, CITOYENS, elle a brisé l'idole de la tyrannie ; elle a plongé dans les ténèbres de l'oubli, les noms orgueilleux et flétrissans de Rois et d'Esclaves ; déjà elle a foudroyé le monstre du Fédéralisme ; elle a armé tous nos bras contre les Despotes ; elle a livré au glaive de la Loi, les traîtres et les conspirateurs ; elle a condamné à une mort politique, les égoïstes, les insoucians et les lâches : il ne manque plus qu'une palme à son triomphe ;........ tous les

Français régénérés, ne tarderont pas sans doute à la lui offrir.

Mais, CITOYENS, s'il est vrai que l'action de la Liberté doit être prompte, impétueuse, pénétrante comme la lumière, brûlante comme la flamme, rapide comme un torrent, que ses coups doivent être ceux de la massue d'Hercule ; il est également vrai que la marche de la Philosophie est plus grave, plus lente et plus mesurée.

Ainsi, CITOYENS, nous n'aurions pas à désespérer, si nous ne pouvions atteindre aujourd'hui les élans d'un grand nombre de nos Frères qui, parvenus à une vigoureuse adolescence, ont pris un essor qui peut être au dessus de nos forces.

Attendons tout de l'influence des Sociétés populaires, qui, en se multipliant dans les campagnes, répandront les lumières et perfectionneront les connoissances des hommes, comme la Révolution a nivelé leurs droits.

O Raison!...... émanation précieuse de la Divinité, compagne inséparable de notre bonheur, tu continueras à veiller sur nos destinées; tu nous apprendras que la pratique des vertus sociales, que l'austérité des mœurs républicaines sont les véritables soutiens de la Liberté; tu ne permettras pas que de vils stipendiaires, que des exagérateurs hypocrites, tenant d'une main le masque du patriotisme, et, de l'autre, le poignard de l'anarchie, fassent impunément planer la calomnie sur les Sans-culottes les plus purs et les plus énergiques; tu nous apprendras à connoître et à punir également les désorganisateurs et les modérés; tu nous rallieras sous l'égide de la Loi, et tu ne permettras pas que l'on ravisse notre confiance à cette Montagne à jamais célèbre dans les fastes de l'Histoire, à laquelle nous devons l'établissement de la République et les heureux progrès de notre Révolution.

# L'ORATEUR.

CITOYENS, FRÈRES ET AMIS,

ASSEMBLÉS pour célébrer la Fête de la Raison, nous avons à regretter de n'avoir pu completter cette Fête par un plus grand concours de nos Concitoyens. Cette circonstance pourra donner lieu à quelques personnes de penser que, jusqu'à ce que la Raison eût accru ses progrès, il étoit prématuré d'en faire la célébration ; mais la Société populaire de Bourbonne a jugé, à l'unanimité, qu'il étoit temps de rendre un hommage public à la Raison : elle a cru que des hommes habitués à vivre dans les ténèbres, n'en pouvoient pas aisément sentir toute l'horreur ; qu'il falloit les en arracher et les contraindre, pour ainsi dire, à jouir des avantages de la lumière, semblables à l'enfance dont on soutient les pas chancelans, et qu'on force par une douce violence à s'éloigner des dangers qui l'entourent.

La Raison fut donnée à l'homme en partage ; elle le distingue des brutes. Mais, on le sait, la Raison, asservie chez la plupart d'entre eux, par l'ignorance et les préjugés, leur sert moins bien que le seul instinct ne sert aux autres animaux : elle est presque nulle chez les hommes dont je viens de parler ; et l'instinct qui la supplée chez les plus sauvages, est encore perverti dans l'état social, par les abus qui le dominent. C'est donc peut-être avec justice que l'aimable Deshoulières, parlant à ses Moutons, a dit : « Nous avons « la Raison en partage, et vous en ignorez « l'usage, innocens animaux ; n'en soyez « point jaloux, ce n'est pas un grand « avantage ».

Voyons ce qu'est la Raison, lorsque, livrée à elle-même, les préjugés ne l'ont point obscurcie: examinons-la dans notre sublime Constitution. C'est elle qui a tracé les Droits de l'Homme, avec le niveau de l'Égalité. Elle a dit à ces hommes vains et avides, qui se firent une classe à part : « Apprenez que si vous différez des autres « hommes, c'est par le poids dont vous « pesez sur la terre, où vous consommez « sans rien produire. Oui, sans doute, « vous en différez ; mais c'est par vos « lâches trahisons et par vos cruautés. « Expiez donc, par un retour sur vous- « mêmes, les injustices dont vous vous êtes « rendus coupables envers vos Frères... « Vous êtes sourds à ma voix... Eh bien! « séparez-vous du sol des hommes libres! « fuyez, allez vous associer à ces hordes « barbares pour qui les droits de la nature « ne sont rien ; ou, plutôt, que les repaires « des bêtes féroces deviennent votre asile! »

C'est encore la Raison qui fait armer le Français pour le maintien de sa Liberté; c'est elle qui fait applaudir le fils par le père , le mari par l'épouse , lorsque **nos** jeunes guerriers volent au combat.

L'homme injuste n'eut jamais le vrai courage ; mais la résistance qu'il éprouve anime sa fureur et le rend plus cruel , témoin les barbaries qu'exercent sur nos Frères les ennemis de la Liberté. Ce n'est qu'à l'amour de la Patrie , cette passion des grandes ames , qu'il appartient de triompher des tyrans. Il faut que cette passion noble embrâse le cœur de nos soldats, et se joigne à la Raison. En effet, que feroit la Raison seule, contre la rage des Rois et de leurs nombreux suppôts ? Cependant, il est des gens qui déclament sans cesse contre les passions, oubliant qu'elles sont les compagnes inséparables de la Vertu ; qui vous disent : « Soyez « calmes, restez calmes »...... Quoi, CITOYENS, vous resteriez calmes, au milieu des orages qui menacent votre Patrie ! Et moi, je dis : « Soyez bouillans ! « poursuivez de la foudre les scélérats qui

« conspirent contre votre Liberté, et qui
« conspireront tant qu'il leur restera un
« souffle de vie! Ceux qui vous tiennent
ce doux langage, ou sont des traîtres, ou
sont de ces hommes timides sans passion
ni vertu, patriotes de fraîche date, et
lorsqu'ils croient la Patrie hors de danger.
Ils ignorent, ces hommes froids, qu'un
Républicain sait allier la sagesse des me-
sures à la chaleur de l'action. Cependant,
ils sont les premiers qui s'avancent pour
cueillir les fruits de l'arbre ~~choisi~~, que
le Patriote a planté, et que lui seul fait
croître de ses sueurs et de son sang.
Veillons, veillons sans cesse, mes Amis!
Le jour que nous nous endormirions,
seroit celui où l'Aristocratie, qui ne dort
jamais, égorgeroit notre sainte Liberté.

En attendant l'instant heureux où la
Raison réunira, je ne dis pas tous les
Français, mais tous les Peuples du Monde;
Chers Concitoyens, goûtons les charmes
de la Divinité dont nous voyons ici l'image.

Déjà elle nous a pénétré de ses rayons ; bientôt sa vive lumière aura dissipé les nuages de l'erreur, que l'imposture, depuis tant de siècles, répand sur la terre. La Superstition et ses rites insensés feront place aux principes d'une bonne morale et à la pratique des Vertus. Telle étoit la Religion de nos premiers pères, avant que des hommes, guidés par l'orgueil et la cupidité, eussent l'audace de se mettre entre les autres hommes et la Divinité dont ils se dirent les interprètes : comme si, entre le Créateur et la créature, il pouvoit y avoir des intermédiaires ; comme si la conscience, ce guide fidèle, ne parloit pas immédiatement au cœur de l'homme. Le mensonge abominable que je relève ici, est celui des Rois et des Prêtres qui, dans tous les temps, se réunirent pour mieux tromper les hommes : ainsi des brigands se rassemblent et se concertent pour s'assurer leur proie.

Disons, avec l'Orateur de la commune

de Clamart : « Que la Religion simple,
« pure, universelle comme la lumière,
« succède à ces amas de dogmes absurdes,
« de pratiques extravagantes, de contes
« ridicules qui dégradoient la Raison,
« étouffoient le jugement et pervertis-
« soient les esprits. La justice, l'amour
« de ses semblables, la bienfaisance dans
« toutes les occasions de la vie, voilà
« quelle doit être la Religion d'un vrai
« Républicain : la Loi, voilà son Évangile;
« la Patrie, voilà sa Divinité ; l'Égalité et
« la Liberté, voilà ses Vertus ; l'Histoire
« des belles actions qui honorent l'État et
« l'Humanité, voilà ses Légendes ».

CITOYENS, lorsque j'ai dit qu'il falloit
arracher les hommes des ténèbres, pour
les faire jouir des douceurs de la lumière,
je n'ai pas entendu que jamais on dût
violenter la pensée et porter atteinte à la
liberté des cultes. Il suffit de combler les
abymes de l'erreur, pour en garantir des
êtres foibles et inconsidérés : bientôt vous

les verrez revenir de leur aveuglement et se joindre à leurs Frères, pour puiser avec eux, dans des sources salutaires, tous les bienfaits de la nature qu'avoient empoisonnés des institutions mensongères ou cruelles.

Celui qui, toujours, dirigea sa vie et sacrifia tout pour le bonheur de ses semblables ; celui-là fut digne de l'humanité entière. Qui mérita davantage à ce titre? Qui fit plus pour sa Patrie, que l'Ami du Peuple que la République vient de perdre, et dont nous célébrons la mémoire?.... CITOYENS, je me trompe, Marat n'est point mort : en vain de tristes restes sont renfermés dans cette urne. L'homme vertueux vit dans le cœur de l'homme juste.

Je n'entreprendrai pas de faire l'éloge de Marat; je laisse au pinceau plus exercé, de retracer les vertus de ce grand homme.

# HYMNE A LA MONTAGNE.

Air : *Allons enfans de la Patrie*, etc.

Vous qui, du haut de la Montagne,
Dardez des rayons immortels,
Vos feux éclairent la Campagne,
Vos Décrets seront éternels.        ( *bis* ).
Flambeau de la Philosophie,
Source des véritables biens !
Courage, braves Citoyens,
Vous régénérez la Patrie.
Célébrez la Montagne, et nos Législateurs ;
Chantez ( *bis* ), de la Patrie ils sont les Défenseurs.

### CHŒUR.

Célébrons la Montagne, et nos Législateurs ;
Chantons ( *bis* ), de la Patrie ils sont les Défenseurs.

A vos voix, le sot Fanatisme
A senti briser son vaisseau ;
Et le farouche Despotisme
Est descendu dans le tombeau.        ( *bis* ).
La France, jusqu'alors esclave,
A recouvré sa Liberté :
Le retour à l'Égalité,
Est interdit à qui la brave.
Célébrez la Montagne, et nos Législateurs ;
Chantez ( *bis* ), de la Patrie ils sont les Défenseurs.

### CHŒUR.

Célébrons la Montagne, et nos Législateurs ;
Chantons ( *bis* ), de la Patrie ils sont les Défenseurs.

# HYMNE DE LA RAISON
# ET DE LA VERTU.

La Raison préside à l'école
Où sont élevés nos Enfans ;
La Vertu porte la boussole
Qu'ont à suivre les jeunes gens.     *( bis )*.
Sexe foible, Sexe timide,
Ne crains plus rien des Séducteurs ;
La Raison corrige les Mœurs,
La Vertu sera ton Égide.
Célébrez la Raison, écoutez ses accens ;
Vous tous *( bis )*, à la Vertu consacrez votre encens.

*CHŒUR.*

Célébrons la Raison, écoutons ses accens ;
Nous tous *( bis )*, à la Vertu consacrons notre encens.

La Vertu relève les grâces,
Intéresse et touche les cœurs ;
Tout Républicain suit ses traces,
Sa force est dans les bonnes Mœurs.  *( bis )*.
La Raison bannit la discorde,
Fait rentrer chacun dans ses droits,
Prescrit l'obéissance aux Lois,
Veut la Liberté, la Concorde.
Célébrez la Raison, écoutez ses accens ;
Vous tous *( bis )*, à la Vertu consacrez votre encens.

*CHŒUR.*

Célébrons la Raison, écoutons ses accens ;
Nous tous *( bis )*, à la Vertu consacrons notre encens.

## HYMNE DES PÈRES ET MÈRES.

Tendres Enfans, la République
A ses regards fixés sur vous ;
Un corps sain, une ame héroïque
Fondent son espoir le plus doux.　　( *bis* ).
Voulez-vous, de notre Patrie,
Être la gloire et le salut ?
A la Raison, à la Vertu,
Dès ce jour offrez votre vie.
Célébrez la Raison, écoutez ses accens ;
Vous tous ( *bis* ), à la Vertu consacrez votre encens.

*CHŒUR.*

Célébrons la Raison, écoutons ses accens ;
Nous tous ( *bis* ), à la Vertu consacrons notre encens.

## HYMNE DES ENFANS.
### *ZÈLE PATRIOTIQUE.*

Quelle est tardive la Puissance
Qui fait croître des bras nerveux !
Quand viendra donc l'adolescence,
L'âge propre aux coups vigoureux ?　　( *bis* ).
Ennemis de la fausse gloire,
De l'astuce et des trahisons ;
Forts de Vertus, Forts de Raisons,
Nous déciderons la victoire.
Aux armes, Citoyens ! Formez vos bataillons !
Marchez ( *bis* ), qu'un sang impur abreuve vos sillons.

*CHŒUR.*

Aux armes, Citoyens ! formons nos bataillons !
Marchons ( *bis* ), qu'un sang impur abreuve nos sillons.

# COUPLETS.

*Air: La bonne aventure, au gué.*

### I.er COUPLET.

Au nom de la Liberté,
Je suis Patriote;
Ami de l'Égalité,
Sans peur de la crotte;
Jadis esclave passif,
Mais Républicain actif,
Un vrai Sans-culotte, au gué,
Un vrai Sans-culotte.

### II.e COUPLET.

De piques j'arme mes mains
Contre tout Despote,
Qui prétendroit, à ses fins,
Plier ma marotte;
J'aime mieux cent fois la mort,
Que de renoncer au sort
De vrai Sans-culotte, au gué,
De vrai Sans-culotte.

### III.e COUPLET.

Je renonce, de bon cœur,
Rome et sa Calotte;
Je plains d'être dans l'erreur
La vieille Dévote:
Non, la Superstition
N'est point la Religion
Du vrai Sans-culotte, au gué,
Du vrai Sans-culotte.

### IV.e COUPLET.

Dupe de l'ambitieux
Qui souvent radote,
Pour le servir de mon mieux,
J'ai mis bas ma hotte:
Mais, enfin, sûr de mes Droits,
Je n'obéis plus qu'aux Lois,
En vrai Sans-culotte, au gué,
En vrai Sans-culotte.

### V.e COUPLET.

Camarade du Mont-Blanc,
Porteur de Marmotte,
Homme simple, droit et franc,
Quitte ta Gargote;
Tes adieux au Piémontais,
Sont faits en digne Français,
En vrai Sans-culotte, au gué,
En vrai Sans-culotte.

### VI.e COUPLET.

Pour la gloire et pour l'amour,
Femme n'est point sotte;
J'y travaille nuit et jour,
Avec ma Javotte:
Son plaisir, comme le mien,
Est de faire un Citoyen,
Un p'tit Sans-culotte, au gué,
Un vrai Sans-culotte.

---

La Société populaire de Bourbonne-
les-Bains, ARRÊTE, à l'unanimité, que

les Discours, Hymnes et Couplets ci-dessus
seront imprimés et distribués.

FAIT et ARRÊTÉ, séance tenante,
le 15 Frimaire, deuxième année de la
République, une et indivisible.

*Signé* M. FEBVREL, Président.

GUYOT fils, Secrétaire.